AF347485

DISCOURS

SUR

L'ÉTUDE PHILOSOPHIQUE

DES LANGUES.

DISCOURS

SUR

L'ÉTUDE PHILOSOPHIQUE

DES LANGUES,

Lu à l'Académie Française, dans la Séance privée
du premier mardi de décembre 1819,

PAR M. LE COMTE DE VOLNEY,

PAIR DE FRANCE, MEMBRE DE L'ACADÉMIE, etc.

PARIS.

BAUDOUIN FRÈRES, IMPRIMEURS-LIBRAIRES,
RUE DE VAUGIRARD, N° 36.

1819.

AVIS DE L'AUTEUR.

L'Académie française a des séances de trois espèces qu'il ne faut pas confondre : chaque semaine, elle tient une séance *d'office*, consacrée à la rédaction du *dictionnaire*, objet spécial de son institution : chaque année elle tient une séance *publique* où elle rend compte de ses travaux ; enfin, depuis deux ans, le premier mardi de chaque mois elle tient une séance *privée*, que l'on pourrait appeler *réunion de famille*. En s'imposant librement celle-ci, avec l'agrément du gouvernement, l'Académie française a eu le double but de resserrer les liens de l'amitié entre ses membres, et d'exciter leur émulation réciproque par la communication confidentielle de leurs ouvrages, projetés ou exécutés : ces lectures, auxquelles les seuls membres de l'Institut sont admis, procurent à leurs auteurs des observations dictées par la bienveillance et le bon goût. De ces séances, sont déjà sorties des idées lumineuses sur le sujet toujours profond de la grammaire, et des fragmens d'histoire et de poésie d'un mérite éminent. A la séance d'octobre dernier, un académicien, dont le public a toujours accueilli les productions ingénieuses, termina la lecture d'une *Dissertation sur l'origine, la formation, la variété, le progrès et le déclin des langues :* les opinions se partagent sur certains points de sa théorie déjà indiquée dans une feuille dn Moniteur, il y a quelques années ; ce partage est devenu le motif du *présent discours...* Son auteur, conduit par ses études à d'autres résultats, a trouvé convenable de les exposer à son tour. Son travail préparé rapidement pour novembre, n'a été lu que le premier mardi de décembre.... Les avis ont pu se partager aussi ; mais le temps qui appartenait à une autre lecture, n'a pas permis d'entrer en discussion sur celle-ci... (*) ; c'est donc sur sa propre responsabilité qu'il publie aujourd'hui son opinion, à laquelle le principal intérêt qu'il attache est d'appeler l'attention des esprits méditatifs sur une branche de connaissances trop peu cultivée en France.

(*) Elle dura cinq quarts-d'heure.

DISCOURS

SUR

L'ÉTUDE PHILOSOPHIQUE

DES LANGUES.

§ Ier. *Nouveauté de cette étude chez les modernes :
ignorance absolue des anciens à cet égard.*

MESSIEURS,

J'APPELLE étude *philosophique* des langues toute
recherche impartiale tendant à connaître ce qui concerne les langues en général ; à expliquer comment
elles naissent et se forment ; comment elles s'accrois-
sent, s'établissent, s'altèrent et périssent ; à montrer leurs affinités ou leurs différences, leur filiation,
l'origine même de cette admirable faculté de parler,
c'est-à-dire, de manifester les idées de l'esprit par
les sons de la bouche, sons, qui à leur tour deviennent, à titre d'élémens, un sujet digne de méditation.
L'un de nos confrères, pour qui nous professons tous
des sentimens d'estime et d'amitié, a déjà mérité nos

remercîmens par le soin qu'il a pris de porter notre attention vers un sujet si intimement lié à nos fonctions de grammairiens français : M. Andrieux, en s'interrogeant sur la plupart des questions que je viens de citer, nous en a fait sentir l'importance et l'étendue, en même temps que par le doute méthodique dont il a revêtu ses opinions et ses vues, il nous a indiqué combien ce sujet nous est encore neuf et difficile. Aujourd'hui, Messieurs, si je marche sur sa trace, c'est moins avec la prétention de vous apporter un surcroît d'instruction qu'un surcroît de preuves de notre inexpérience, permettez-moi de dire *nationale*, et de notre infériorité, sur ces questions, relativement aux étrangers.

Eh! comment serions-nous avancés dans l'étude des langues, surtout dans l'étude philosophique, lorsque rien, dans notre éducation française, ne nous y prépare, lorsque dans notre éducation littéraire et religieuse, divers préjugés y sèment des obstacles : nous nous vantons d'avoir eu pour maîtres les beaux esprits de Rome et de la Grèce ; voyons-nous qu'aucun d'eux se soit occupé de l'étude des langues, sous les rapports étendus que je viens de citer? Trouvons-nous dans leurs écrivains d'autre mention de langues et de langage que pour mépriser, sous le nom de *Barbare*, ce qui n'est pas romain ou grec ? L'encyclopédiste Pline l'ancien, nous instruit agréablement, sans doute, quand il nous dit que dans une ville de la Colchide, Rome entretenait *cent trente* interprètes pour répondre à cent trente peuples divers qui venaient y pratiquer un commerce *déjà déclinant*, puisque Pline ajoute qu'antérieurement ils venaient au nombre de trois cents. J'entends encore avec un vif intérêt cet auteur me dire, que dans l'Ibérie, la Gaule, l'Italie, on avait compté les langues par centaines, et je le conçois, quand je songe qu'avant les conquérans, chaque ville, chaque territoire nourrissait un peuple ennemi de son voisin, et séparé de lui en toutes choses ; mais de telles citations et autres semblables n'atteignent point à nos questions : il y a plus, je ne me rappelle point avoir lu, en aucun auteur grec ou latin, la mention d'aucune grammaire étrangère composée par curiosité ou par motif de commerce ou d'instruction. Avons-nous même aucune grammaire grecque composée avant notre ère ? Chez les Romains de la république, ce genre d'étude fut tardif ; Varron seul le signale par son érudition et ses vues philosophiques.

§ II. *Ecole grecque : systèmes établis avant les faits observés.*

Chez les Grecs comme chez les Romains, on peut dire que l'étude du langage n'a eu qu'un but rhétorique, je veux dire l'art d'émouvoir les passions, art suscité par la nature du gouvernement de ces peuples long-temps resté plus ou moins démocratique : on ne peut le nier, ces peuples furent d'habiles artistes à cet égard ; mais sous le point de vue d'étude philosophique du langage, je ne crains pas de dire qu'ils sont restés presque aussi enfans que les sauvages de l'Amérique du nord, les uns et les autres nous racontant gravement, sur l'autorité de leurs ancêtres, que l'art de parler fut inventé par les manitous, les dieux et les génies. Un peuple peut produire de grands peintres, de grands poëtes, de grands orateurs, sans être avancé dans aucune *science exacte*. ces talens tiennent à l'art d'exprimer les sensations et les passions ; mais approfondir des connaissances métaphysiques telles que la formation des idées, et leur expression par le langage, cela est d'une toute autre difficulté. Je ne vois que Platon, cette abeille de toute science, ce poëte de toute philosophie, qui montre en ce genre quelques aperçus dans son dialogue intitulé *Kratile*; et cependant, après la lecture de ce morceau, on se trouve peu avancé dans la solution des deux questions proposées à Socrate : il est même permis de dire que le résultat le plus clair est l'artificieux procédé du compositeur, qui ayant posé la double question de savoir si le langage est né *de la nature des choses*, ou *de la convention des hommes*, a déguisé son embarras sous les tergiversations de Socrate, qui raisonne tantôt pour et tantôt contre, et qui indique plutôt le faible que le fort de chaque opinion.

Aujourd'hui que par les progrès généraux de la civilisation humaine, et de toutes les connaissances physiques et morales, nous avons sous nos yeux plus de *six cents* vocabulaires de nations diverses, et plus de *cent* grammaires; aujourd'hui que dans ces vocabulaires, nous voyons les objets des besoins les plus simples et les plus naturels , exprimés par des noms totalement divers, les raisonnemens de Platon deviennent bien peu de chose, et c'est aux faits que nous devons demander de l'instruction.

A côté des tâtonnemens systématiques, et des théories prématurées des anciens, je ne vois qu'un seul fait presque puéril en apparence , mais qui donne lieu à des inductions assez lumineuses : je veux parler de l'expérience imaginée par un roi d'Égypte, dans l'intention de découvrir la race d'hommes la plus ancienne. Cette expérience nous est racontée par un historien dont les anciens n'ont point su apprécier le mérite, mais dont la fidélité et l'instruction, constatées aujourd'hui par une élite de savans dans l'expédition française en Égypte , replacent l'autorité et le crédit au premier rang des témoignages anciens; voici ce que dit *Hérodote*, qui est cet historien :

§ III. *Ecole égyptienne.*

« Le roi Psamméticus fit remettre deux enfans
» nouveau-nés , pris au hasard, entre les mains d'un
» berger , chargé de les élever au milieu de ses
» troupeaux royaux, avec l'injonction de ne jamais
» proférer devant eux une seule parole, et de les
» laisser constamment seuls dans une habitation sé-
» parée. Ce berger devait leur amener des chèvres,
» à de certains intervalles, les faire téter, et ne plus
» s'en occuper ensuite. Psamméticus , en prescri-

» vant ces diverses précautions , se proposait de con-
» naître , lorsque le temps des vagissemens du pre-
» mier âge serait passé , dans quel langage ces en-
» fans commenceraient à s'exprimer. Les choses s'é-
» tant exécutées comme il l'avait ordonné, il arriva
» qu'après deux ans écoulés, au moment où le berger,
» qui s'était conformé aux instructions qu'il avait
» reçues, ouvrait la porte et se préparait à entrer ,
» les deux enfans, tendant les mains vers lui , se
» mirent à crier ensemble , *békos*. Le berger n'y fit
» d'abord pas beaucoup d'attention ; mais , en réité-
» rant ses visites et ses observations, il remarqua que
» les enfans répétaient toujours le même mot ; il en
» instruisit le roi, qui ordonna de les amener en sa
» présence. Psamméticus ayant ouï de leur bouche
» le mot *békos*, fit rechercher si cette expression
» avait un sens dans la langue de quelque peuple : il
» apprit que les Phrygiens s'en servaient pour dire
» du *pain*. Les Égyptiens, après avoir pesé les consé-
» quences de cette expérience, consentirent à re-
» garder les Phrygiens comme d'une race plus an-
» cienne qu'eux. »

Raisonnons sur ce fait : Les savans de l'Égypte,
par l'entremise de leur roi, veulent savoir quelle
est la *langue naturelle* de l'homme ; quelle langue il
parle avant d'avoir eu aucun maître, et reçu ou fait
aucune convention ?

Ils ont donc cru, ces savans, qu'il y a une langue
naturelle, un langage inné, un instinct de parler
comme un instinct de manger et de marcher. Si leur

opinion était vraie, toute langue originale, toute langue de peuple sauvage devrait être la même ; tout individu égaré dans les forêts de Hanovre et de Champagne, comme nous en avons vu, devrait dire *bek*; or, nous ne voyons rien de semblable.

Nos savans de Psammétique ont cru que deux enfans séquestrés parleraient sans maître ; ils n'ont donc pas cru le langage né des conventions de l'état social. Mais que serait, à quoi servirait une langue sans la société ?

Les deux enfans ont prononcé un premier mot ; ce mot, vous le sentez, n'a pas été précisément le grec *bek-os* : l'historien s'est plié au génie de sa langue, à l'intolérante habitude de sa nation, qui veut toujours ajouter ses finales harmonieuses à la roideur des mots *barbares*. Les enfans ont dit *bék* : les savans égyptiens ont supposé que ce mot était de pure invention ; mais vous, Messieurs, qui calculez toutes les circonstances de cette épreuve, vous n'oubliez pas que ces enfans ont chaque jour entendu le cri de deux chèvres, et vous sentez qu'ils n'ont fait qu'imiter ce cri : cette imitation est une chose naturelle, et ici nous voyons *l'onomatopée* se montrer comme moyen premier du langage. Ces petites machines nerveuses ont répété le cri qui les frappait, et qui s'étant lié à l'action de l'animal dont elles tiraient leur subsistance, est devenu l'indice de leurs besoins, de leur désir de boire et de manger ; par cette liaison, la convention s'est établie entre les deux enfans et le berger, ou tout autre être humain, même entre les enfans et la chèvre ; et comme nous savons que la chèvre sent elle-même ce langage, nous y voyons la preuve que les animaux même y participent dans la proportion de leurs facultés.

En vérité, c'est un sujet d'étonnement que de voir les savans de Psamméticus, sourds et aveugles à de tels indices ; mais en même temps, c'est pour nous une nouvelle preuve, que quand notre esprit est imbu d'un préjugé, il perd la faculté de voir tout ce qui est hors de sa ligne ; ce sont les yeux d'un malade de la jaunisse, qui ne peut voir les objets que *jaunes* ; pourrions-nous bien répondre de notre santé à nous - mêmes, sur un nombre de sujets ?

Nos Égyptiens s'enquièrent chez quel peuple existe le mot *bék* ; le hasard veut que dans la langue phrygienne il signifie *pain*, et les voilà qui concluent qu'il y a liaison intime, affinité naturelle entre le mot *bék* et la substance *pain :* quelle misérable logique ! D'abord le mot *bék* a pu exister en d'autres langues ; les Égyptiens en ont-ils fait la recherche chez les Chinois, les Tartares, les Indous, les Celtes, même chez leurs voisins Arabico-Phéniciens ; nous le trouverions, s'il était nécessaire, certainement avec d'autres sens. Mais en outre, comment ont-ils pu supposer un mot *naturel*, pour un objet qui ne l'est pas, qui est *objet d'art*, inventé tardivement, pour une opération très-compliquée, puisqu'il a fallu semer du froment, le recueillir, le battre, le moudre, le pétrir, le lever, le cuire pour faire du *pain*; ensuite, comment sur un seul mot fonder une opinion généralisée ; comment n'avoir pas continué l'expérience pour en voir le développement, et surtout la solution de la grande difficulté, celle de la construction grammaticale ? Qui pourra nier qu'à cette époque tous ces savans n'aient été de *grands enfans* dans l'art des expériences, dans l'étude de la nature, dans la science subtile de l'idéologie ?

Prenons acte de ce fait, pour apprécier les connaissances métaphysiques de l'ancien monde connu à cette époque : nous pouvons croire que les Druides et les Brahmanes n'étaient pas plus avancés.

C'était vers l'an 648 , Thalès venait de naître : moins de deux siècles après, l'an 460, Hérodote était en Égypte, où il recevait cette anecdote consignée dans des mémoires historiques : il la racontait, quatorze ans plus tard , à la multitude des Grecs assemblés dans le Cirque Olympique (vers 446); quarante-six ans plus tard (vers l'an 400), Platon qui avait voyagé et séjourné en Égypte , et qui connaissait le livre d'Hérodote, professait dans son dialogue de Kratile l'opinion des savans égyptiens. Ne devient-il pas très-probable que Platon , ici, comme sur tant d'autres points , n'a été que l'écho des métaphysiciens d'Égypte.

Aristote , qui suivit Platon, et qui lui est supérieur en toute branche de science positive, n'est pas plus avancé ici ; dira-t-on qu'il a implicitement résolu celle de la formation du langage par son axiôme profond et célèbre , *nihil est in intellectu quod non priùs fuerit in sensu* , rien n'est dans l'entendement qui n'ait d'abord été dans la sensation. Sans doute , la conséquence est bien que l'homme seul a pu inventer les signes de ses idées ; qu'aucun agent extérieur n'a pu lui souffler ou suggérer ces signes quand leurs modèles n'existaient pas ; qu'en un mot le langage est le fruit de son organisation physique, et de ses conventions artificielles et sociales. Mais quand on voit combien peu Aristote lui-même a su tirer parti de son grand principe métaphysique, on ne peut nier que les conséquences n'en soient restées bien occultes, jusqu'à ce que Locke, il y a cent trente ans seulement, soit venu les mettre en une évidence qui a paru une création ; encore est-il vrai que malgré qu'après lui l'esprit lumineux des Condillac et des Tracy, ait de plus en plus éclairci le problème , il n'a point encore reçu tous les développemens qu'il requiert.

L'école d'Alexandrie, qui fut le plus heureux fruit des conquêtes d'Alexandre, dut produire des recherches et des raisonnemens sur nos questions ; mais on a droit de penser qu'elle ne fut que l'écho du passé.

§ IV. *Ecole juive.*

A côté de cette école, je ne dirai pas naquit, je dis sortit de son obscurité l'école juive, qui, loin d'offrir rien de nouveau, ne fit que reproduire des doctrines surannées. En effet, lorsque la cosmogo-

nie juive nous parle d'un premier couple humain,
créé par *Dieu*, ou par les *dieux*, elle nous présente
d'une manière seulement différente ce que disent
la plupart des autres cosmogonies; et lorsqu'elle
ajoute que le premier homme donna des noms pro-
pres à tous les oiseaux du ciel, à tous les animaux
de la terre; comme plusieurs de ces noms, en langue hébraïque, sont caractéristiques de leurs facultés
ou actions et propriétés, c'est-à-dire, de leur nature, il s'ensuit que l'auteur, ou les auteurs de cette
cosmogonie, ont été dans l'opinion égyptienne que
nous venons de voir, et à laquelle les idées innées
de Platon ont dû donner une nouvelle force. Cette
induction en acquiert elle-même, quand les Juifs
nous attestent que les sciences égyptiennes ont été
la souche des leurs.

Je n'aperçois pas une semblable analogie à un autre fait qu'ils nous citent, relatif encore à la question des langues, je veux dire, celui de leur *confusion* à l'occasion de la tour de Babel, c'est-à-dire, de
la pyramide de Babylone, qui fut l'observatoire astronomique des prêtres chaldéens, cité par tous les
historiens, comme existant depuis un temps immé-
morial. Il m'est d'autant plus nécessaire d'exposer
ici le propre texte, Messieurs, que par un cas
étrange, vous allez voir qu'il se trouve ne pas porter le sens qu'on lui a donné jusqu'à ce jour.

« Toute la terre avait une seule *lèvre* (c'est-à-
» dire, un seul langage, et un seul parler) on dis-
» que et des hommes partis de l'Orient, s'établi-

BIBLIOTHÈQUE ROYALE

» rent dans la vallée de Sennar, et ils se dirent : Pé-
» trissons de la terre, cuisons des briques ; et la
» brique leur devint pierre, la boue, mortier ; et
» ils se dirent : Bâtissons-nous une ville et une tour
» dont la tête soit dans le ciel : faisons-nous un nom
» ou un *signal* (le mot hébreu a les deux sens),
» afin que nous ne soyons pas dispersés sur la
» terre : et Dieu descendit pour voir cette tour,
» et il dit : Ce peuple n'a qu'une lèvre ou langue :
» rien ne les empêchera d'exécuter leur pensée
» (leur projet) : descendons, et confondons leur
» lèvre ; qu'ils ne s'entendent plus l'un l'autre, et
» Dieu les dispersa ainsi, et ils cessèrent de bâtir
» leur ville... »

Voilà, Messieurs, le texte littéral : il veut quelques
observations grammaticales ; d'abord, le mot hébreu traduit, la terre (*Ars*, en arabe *Ard*) n'a pas
rigoureusement le sens que les interprètes lui don-
nent; ils avouent que les Hébreux n'ont eu aucune
idée de la terre *globe;* que ce peuple a cru confusément qu'elle était une grande île portée sur l'eau,
sans savoir sur quoi portait l'eau ; que ce peuple
parfaitement ignorant en toutes choses physiques (1),
ne connaissait rien à trois cents lieues au - delà
de ses frontières, etc. La vérité est que dans la langue hébraïque, le mot *terre* est habituellement pris
pour *pays*, lequel n'a point de terme propre ; par-
tout on lit : la *terre* de Juda, la *terre* d'Israël, la

____

(1) Voyez les commentaires de don Calmet.

terre de Canaan , la *terre* d'Égypte , la *terre* de Sennar, ce qui ne signifie que *pays* ; or , l'on n'a aucun
droit de distinguer en français ou en latin , ce que
l'original ne distingue pas : et si l'on veut raisonner
par probabilités naturelles , on ouvre la porte à un
genre de discussions que les interprètes entendent
rejeter à leur gré.

Secondement , les interprètes et la vulgate qui les
guide , ont traduit : « Faisons-nous *un nom*, une
» renommée , afin que nous ne soyons pas disper-
» sés. » Entre les deux membres de cette phrase, il
n'y a aucune analogie. Je traduis avec le savant
Vossius , *faisons-nous un signal* , ce qui est un des
sens reconnus du mot hébreu (*shem*) : là , il y a analogie ; un *signal* élevé , visible de loin , est propre
à empêcher la dispersion. Serai-je hérétique pour
ces observations? Je pourrais en faire encore une
sur ces mots : *Dieu descendit* , et de suite il est dit :
descendons. Si je ne comprends pas ce surcroît de
descente , serai-je traduit devant un jury anglais ?
J'arrive au fond de la question.

Le narrateur dit que toute la *terre* ou contrée
n'avait qu'une langue : il ne la spécifie pas cette
langue. Quelqu'un a-t-il le droit de décréter que ce
fut *l'hébraïque ?* il me semble que non ; d'abord
parce que le texte lui-même ne le spécifie pas ; 2°
parce que dans l'histoire d'Abraham , ce père de la
race hébraïque, lorsque le texte dit *qu'il naquit dans
la terre de Sennar* (bien connue pour être un *pays*
syrien), qu'ensuite son père l'emmena dans le pays

de *Harran* (également *syrien*) , ce texte donne droit de penser que la langue nationale de la famille d'Abraham fut le *syrien* ou *syriaque*, dont, au temps de Jacob et de Laban , l'existence formelle nous est attestée , et se continue sans interruption jusqu'à des époques postérieures et certaines ; 3° enfin , parce que l'on peut démontrer historiquement et grammaticalement que l'hébreu n'est qu'un dialecte phénicien formé depuis Abraham, par l'incorporation que lui et ses descendans ne cessèrent de faire à leur naissante et faible tribu, des naturels du pays où ils s'établirent.

Je ne prétends point contester aux interprètes , que les constructeurs de la tour de Babylone aient tout - à - coup oublié leur langue ; je ne me fais pas juge des possibilités naturelles : une langue peut s'oublier par un mal subit de cerveau ; mais décréter, comme le font nos *infaillibles* , que ces constructeurs parlèrent tout-à-coup des langues nouvelles, c'est ce que je nierais dans un concile , parce que le texte m'y autorise *par son silence;* il dit nuement : *confondons leur langage , afin qu'ils ne s'entendent plus l'un l'autre*; or , ceci ne dit pas du tout qu'ils parlèrent d'autres langues, mais seulement qu'ils cessèrent de se comprendre ; et ils purent cesser par défaut de prononciation , par bredouillage , par confusion de termes , par emploi involontaire d'un mot pour l'autre ; enfin, d'une manière que l'on n'a ni l'obligation, ni le droit de spécifier ; *ils ne s'entendirent plus*, voilà tout.

Actuellement, Messieurs, appréciez l'extrême légè-
reté, la préoccupation aveugle de tant de docteurs
qui ont voulu, qui veulent encore que cet événement soit la source où il faut chercher l'origine
des innombrables langues qu'a parlées et que parle
l'espèce humaine. Lesquels des savans de Psammi-
ticus ou des nôtres sont les plus aveugles, les plus
entêtés des préjugés ?

Si je trouve à l'ancienne doctrine juive, sur le
langage *naturel*, une analogie, et presqu'une origine profane, je n'assurerai pas que j'en trouve une
semblable au récit historique que je viens de vous
présenter ; néanmoins, vous me permettrez une ci-
tation qui est du moins singulière ; elle m'est four-
nie par les historiens de cette même ville de Babylone,
dans un récit que nous a transmis Diodore de Sicile.

« Après la mort de *Ninus*, fondateur de l'empire
» *assyrien*, sa femme, *Sémiramis*, compagne et
» rivale de sa gloire, voulut, par des actions éton-
» nantes, surpasser son mari. Ninus avait employé
» plusieurs années à bâtir une ville, immense à la
» vérité, mais qui, placée en pays montueux, sur
» un fleuve rebelle (le Tygre), n'était qu'une grande
» et inerte bourgade. Sémiramis voulut construire
» une cité commerciale et militaire, qui fût à la
» fois l'entrepôt des marchandises de l'Inde et de
» la basse Asie, le boulevard d'un pays riche par
» lui-même, l'asile d'une population nombreuse
» contre l'invasion de l'ennemi, l'épouvantail des
» Arabes du désert, et en même temps le mar-

» ché nécessaire et opulent qui les attirât en temps
» de paix : en un mot, Sémiramis traça le plan
» de Babylone ; ce fut un carré de douze mille
» mètres, ou trois lieues de longueur sur chaque
» côté, flanqué d'un mur de soixante-quinze pieds
» de hauteur, etc. Sémiramis projetant déjà d'autres
» grandes entreprises, statua que celle-ci ne dure-
» rait qu'un an ; pour cet effet, elle leva une
» corvée de *deux millions* d'hommes, pris dans la
» population bigarrée de son vaste empire, depuis
» les sources de l'Indus jusqu'à l'Euxin (ou mer
» noire), et depuis le Caucase jusqu'à l'Arabie
» heureuse. Qu'on se figure la sensation, la ru-
» meur que dut causer le spectacle d'une telle mul-
» titude diverse de costumes, de mœurs, et sur-
» tout de langages ou de dialectes dont le nombre a
» dû passer quatre-vingts ou cent ! Qu'on voye cette
» multitude, jetée confusément, distribuée militaire-
» ment sur ses ateliers, occupée principalement à
» fabriquer l'incroyable quantité de briques qu'exi-
» gèrent de telles murailles, et des quais propor-
» tionnés sur l'Euphrate, et un pont, et deux *chd-*
» *teaux forts* ; enfin, une *pyramide* appelée *tour*
» par les gens du pays, c'est-à-dire, par les Ara-
» bes chaldéens, dont le dialecte, comme l'hébreu
» et le syrien, n'a que le mot *tour* pour exprimer
» tout édifice saillant et élevé (1). Cette *tour*, en-

---

(1) *Tour*, en arabe et en hébreu *bourdj* et *bourg* ; d'où viennent
l'allemand et l'anglais, *burg*, *borough*, et le français, *bourg*,

» core subsistante au temps d'Hérodote, et qui, sur
» *trois cent sept* pieds de base, et autant d'élé-
» vation, dut être un objet si frappant dans une
» plaine rase, ne fut pas un stérile monument
» comme ceux d'Égypte : ce fut un magnifique et
» utile cadeau que l'habile Sémiramis fit aux prêtres
» du pays, *les chaldéens*, pour leur servir d'ob-
» servatoire astronomique, et favoriser de plus en
» plus l'étude d'une science qui les avait rendus cé-
» lèbres au dehors, et puissans au dedans, sur l'es-
» prit d'un peuple conquis que cette reine voulait
» apprivoiser. Qu'on juge de l'étonnement de ce
» peuple, ignorant et superstitieux, ne connaissant
» que sa langue arabe et que le désert qui entou-
» rait son île. Supposons que deux ou trois cents
» ans après on eût demandé à de tels gens pourquoi
» et comment avait été bâtie cette montagne : il me
» semble entendre ces arabes répondre :
» « Aux temps anciens, il vint du côté de la Perse
» (qui est l'Orient) des hommes puissans à qui
» il prit fantaisie d'élever cette *tour* ; ils voulaient,
» dit-on, monter au ciel, et cela pour regarder nos
» dieux (c'est-à-dire les astres, dieux du temps et
» du pays) ; mais la confusion se mit dans leur lan-
» gage, *par un pouvoir divin*, et ils furent obligés
» de se disperser (comme firent les ouvriers de Sé-
» miramis) ; en mémoire de cet événement, cette

---

par la raison que les *tours* ou *clochers* ont toujours été le signal
d'un lieu habité.

» ville a gardé chez nous le nom de *Babul*, c'est-
» à-dire *confusion* (1). »

Entre ce récit et celui des juifs, je conviens que
plusieurs circonstances diffèrent, et surtout que des
objections chronologiques peuvent être suscitées contre l'identité ; mais en traitant mon sujet didactique,
et sec par lui-même, en traversant les plaines arides
du viel Orient, j'ai pensé, Messieurs, que vous me
permettriez de cueillir une fleur historique pour
vous l'offrir en délassement.

§ V. *Ecole chrétienne.*

Du sein de l'école juive sortit l'école chrétienne ;
pendant le premier siècle, ses disciples tous illétrés,
tous de la classe du peuple, uniquement livrés à
la morale pratique, négligèrent ou repoussèrent,
comme futilité, toute étude qui n'eût pas pour but
d'obtenir l'autre vie. Dans le second et troisième
siècle, des hommes lettrés, convertis aux idées nouvelles, y joignirent celles de leur éducation, c'est
presque dire celles de Platon, alors dominantes : il
ne put manquer de naître bientôt des dissentimens
sur toute question abstraite ; mais parce que l'essence
du système naissant était la charité fraternelle, l'é-
galité des droits, la communauté des biens, tout ce
qui n'attaqua point ces bases fut laissé au libre ar-

---

(1) *Babil*, en français, est bien analogue : et, en égyptien, le
mot *barbar* ou *berber*, pour désigner l'homme étranger, semble
n'être que l'équivalent de *babul*, comme signe d'un *bredouillage*
qu'on ne comprend pas.

bitre ; on put disserter sur le langage d'Adam, savoir s'il fut hébreu ou syriaque ; sur la manière
dont il put donner des noms aux animaux sans les
connaître ; sur la confusion du langage, sur la pré-
tendue naissance des langues, dont quelques docteurs voulurent compter soixante-douze, quand
d'autres les réduisaient à quatre, qu'ils nommaient
langues mères, etc.

Un évêque, père de l'Église, put nier cette confusion, comme cause, et l'admettre seulement comme
conséquence de la dispersion, sans être moins reconnu
pour un saint. (Grégoire de *Nysse*.)

Cet état de liberté dura jusqu'au commencement
du quatrième siècle ; alors se fit une véritable révo-
lution dans la société chrétienne, et cela par suite
des décrets de l'assemblée de Nicée, qui introdui-
sant dans le régime des fidèles la hiérarchie civile
et presque militaire de l'*empereur* gréco - romain ,
changea la démocratie de l'Église primitive en une
oligarchie sacerdotale rapidement devenue despoti-
que. Dès-lors, il ne fut plus permis d'établir des
raisonnemens sans l'approbation des *supérieurs sur-
veillans* (epi-scopoi) ; comme toute opinion devint
affaire de parti, il devint dangereux ou inutile de
suivre toute étude opposée ou étrangère aux passions ou aux volontés des puissans : tout emploi
de la raison humaine fut un acte d'indépendance
vis-à-vis de docteurs qui se constituèrent interprètes de Dieu ; qui se firent presque *dieux parlans*.
Tout ce que nous appelons idéologie, étude raison-

nable de l'entendement humain, fut décrédité au point, que je pourrais citer des sentences d'évêques qui ont interdit l'étude de la grammaire : elles me seraient fournies par un de nos savans confrères à qui je dois ma remarque.

On peut dire que cette létargie de l'esprit humain n'a cessé qu'au seizième siècle, et cela, par le concours de plusieurs circonstances; par la prise de Constantinople (1453), qui tout-à-coup jeta en Europe une quantité de livres et d'hommes savans ; par le désir que firent naître ces livres de multiplier leurs copies; par la naissance de l'imprimerie, qui étendit rapidement l'instruction ou le moyen de l'acquérir; enfin, par l'insurrection de l'Allemagne contre la théocratie italienne, d'où sont nées des libertés de tout genre, qui chaque jour ont tendu à développer le bon sens naturel et la raison de l'homme.

Parmi les études qui se ranimèrent, celle des langues fut une des premières, à raison du besoin d'entendre et d'interpréter les livres anciens. Les esprits curieux ne tardèrent pas d'établir des comparaisons rendues plus piquantes par leur nouveauté. Le premier essai connu en ce genre, fut un vocabulaire que l'Italien *Pigafetta* fit imprimer vers 1536, contenant un recueil de mots des divers peuples chez qui il avait voyagé. Deux travaux plus réguliers, plus importans, le suivirent; l'un de Guillaume *Postel*, né Français, qui, à la date de 1536, publia en langue latine, à Paris, son livre intitulé, *Linguarum XII*, *characteribus differen-tium, alphabeti introductio ac legendi modus facil-limus*, avec une dissertation sur l'origine et *l'anti-quité* de *l'hébreu*, et une comparaison des langues orientales entre elles, et avec le latin et le français : *l'autre*, de Teseo *Ambrogio*, né à Pavie, où il fit imprimer aussi en latin, en 1539, son *introduc-tion aux langues chaldaïque, syriaque, armé-nienne*, et ses remarques sur dix autres langues. Ces deux productions ont le mérite de présenter les es-sais ou tâtonnemens de l'art en tout genre. Ambro-gio avait eu pour maîtres des moines syriens, ar-méniens, habissins, appelés à Rome par les largesses des papes : Postel avait voyagé au Levant aux frais du roi de France ; ceci donne un mérite particulier à leur méthode de prononciation. Dix ans plus tard (1548), le Hollandais Théodore *Buchmann*, qui a grécisé son nom en celui de *Bibliander*, mit au jour son livre intitulé, *De Ratione communi omnium linguarum*, etc., où il prétendit expliquer leurs principes communs par les exemples de 10 ou de 12 : il faut lui savoir gré d'avoir excité l'émulation de ses successeurs, en leur ayant présenté le premier essai du *Pater noster, traduit* ou *écrit* en quatorze langues.

Il serait trop long de citer en détail tous les ou-vrages accumulés depuis lui sur cette matière ; il me suffira d'indiquer les principaux qui suivent :

En 1558, le livre de Conrad Gesner, intitulé *Mithridates, seu de differentiis linguarum;*

En 1580, le traité de Jean Gorop Bekan, intitulé, *Hermahena*, ou Mercure et Minerve ;

En 1592 et 1593, *Specimen 40 diversarum linguarum et dialectorum*, de Jérôme Mejeser, avec le *Pater noster* en cinquante langues ;

En 1610, le fragment de Scaliger *de Europeorum linguis* ;

En 1613, le Trésor de l'Histoire des langues, par Duret;

En 1616, l'Harmonie étymologique des langues, par Étienne Guichart ;

En 1667, les Prolégomènes de Walton, auteur de la célèbre Polyglotte ;

En 1679, l'*Atlantica* de Olaüs Rudbek, en même temps que le jésuite Kirker publiait *sa tour* de *Babel*.

En 1697, le *Glossarium universale hebraïcum*, de Thomassin ;

En 1703, le *Pater noster* en plus de cent langues, par l'Anglais Muller ;

En 1715, le même *Pater,* par Chamberlayne, encore plus étendu et plus correct.

A cette époque, l'on avait déjà beaucoup fait pour l'érudition ; beaucoup de matériaux étaient rassemblés pour le raisonnement : presqu'aucun pas n'était fait encore vers la connaissance de la vérité, parce qu'aucun pas n'avait été dirigé par un sens droit, libre de préjugé. Tous les écrivains que j'ai cités, et leurs semblables que j'ai omis, étaient partis de deux faits principaux, considérés comme indubitables, savoir : qu'un premier homme appelé

Adam, avait naturellement, ou miraculeusement parlé la langue hébraïque ; et en second lieu, qu'un événement, appelé la confusion de Babel, avait subitement introduit dans le monde une foule de langues, d'où procédaient toutes les diversités que nous voyons. Les efforts des savans n'avaient tendu qu'à mieux démontrer l'un et l'autre fait par des étymologies dont l'abus était d'autant plus grand, que très-souvent la vraie prononciation des mots était dénaturée.

En voyant cette unanimité de tant de docteurs, qui ne croirait que réellement leurs opinions avaient des bases positives ? Ici se montre un nouvel exemple de l'aveuglement invincible que causent les préjugés de l'éducation rivés par une autorité *coercitive*. Vous venez de voir, Messieurs, qu'au sujet de la confusion et de la dispersion, le texte original ne disait point ce qu'on lui faisait dire sur l'apparition de langues nouvelles ; eh bien, en scrutant le texte relatif au langage d'Adam, vous allez voir qu'il n'autorise pas mieux l'idée que ce langage ait été l'idiôme hébraïque. Voici ce texte très-littéral ; Genèse . chap. 2, vers. 6 :

« Et Dieu forma l'homme de la poussière de la
» *terre* ; il souffla sur sa face un souffle de vie, et
» l'homme devint une *ame* vivante ; » puis, même
chap., vers. 26 : « Et Dieu forma de la terre, toute
» bête des champs, tout volatil du ciel, et il les
» amena à l'homme, pour voir comme il les
» nommerait ; et tout ce que l'homme nomma est

» le nom de cette ame vivante ; et l'homme donna
» des noms à tout gros animal , et à tout volatil
» du ciel , et à toute bête des champs. »

Rien autre que ces passages n'est relatif au langage d'Adam ; l'on ne saurait me citer aucune autre phrase qui y ait trait. Or , il est évident que ce texte ne décide point qu'Adam ait donné des noms en *langue hébraïque* : aucune autorité n'a le droit de voir ici plus qu'il ne s'y trouve : dira-t-on que cela est probable , que cela est conforme au *raisonnement naturel ?* j'accepterai l'arbitrage des probabilités et de la raison naturelle , si l'on veut l'établir constant ; mais par ces moyens même , je prouverais que ce put, que ce dut être plutôt en langue syriaque. Toute dispute à part , je m'en tiens au texte ; rien n'y est spécifié ; les assertions des savans ne sont que des hypothèses , et les interprètes ont posé en principe ce qui est en problème , aussi ne peuvent-ils s'accorder entre eux.

§ VI. *Ecole philosophique. Observation des faits , établie comme préliminaire indispensable à toute théorie.*

Ce ne fut que vers 1710 , qu'un homme d'un esprit simple et droit , sortant de la route commune , émit les premières idées judicieuses sur la manière de poser la question de l'étude des langues ; cet homme fut Guillaume Leibnitz. En lisant dans les mélanges de Berlin sa dissertation ou méditation

sur les origines des peuples, déduites principale-
ment des indices de leurs langues, on voit qu'il n'osa
heurter de front des préjugés qui ont pour logique
ordinaire le sabre ou le tison. Il prend un circuit
ingénieux, mais efficace, pour arriver à son but ; sa
doctrine peut se résumer dans les articles suivans :

« L'étude des langues ne doit pas être conduite
» par d'autres principes que ceux des autres scien-
» ces exactes. Pourquoi commencer par l'inconnu
» afin d'arriver au connu ? Le bon sens n'indique-
» t-il pas d'étudier d'abord les langues modernes
» qui nous sont palpables, afin de les comparer
» l'une à l'autre, de constater leurs différences ou
» leurs affinités, et de passer ensuite aux langues
» qui les ont précédées dans les siècles antérieurs,
» afin de rendre sensibles leur filiation, leur origine,
» et par ce moyen remonter d'échelon en échelon aux
» langues les plus anciennes dont l'analyse devra
» fournir les seules conclusions que nous puissions
» nous permettre ?

L'on voit que Leibnitz proposa aux juges d'un
grand procès, de ne pas prononcer sans avoir exa-
miné les pièces ; il est des temps où le cœur pas-
sionné rejetterait même cette évidence ; à son époque, on se lassait de disputes ténébreuses : ce rayon
produisit un effet conciliant. L'idée de Leibnitz est
devenue le guide des recherches philologiques qui
se sont multipliées dans le dix-huitième siècle ;
des voyageurs de toute nation, des missionnaires
de toute secte, ont rivalisé à recueillir des gram-

maires et des vocabulaires. Les savans d'Europe ont pu comparer une foule d'idiômes des tribus sauvages d'Amérique, d'Afrique, de Tartarie, et des îles de l'Océan. Il restait à mettre en ordre tous ces matériaux ; la fin du siècle dernier, et le commencement de celui-ci, ont vu en moins de trente ans, trois grandes tentatives de cette opération, aussi honorables pour leurs auteurs qu'instructives pour leur auditoire (1).

La première fut celle dont l'impératrice Catherine II traça de sa propre main le plan, en 1784. Par ses ordres, le professeur Pallas fit paraître, dès 1786, le célèbre ouvrage écrit en langue russe, ayant pour titre *Vocabulaire de toutes les langues du monde*, au nombre d'environ deux cents : j'ai rendu compte de ce livre à l'Académie Celtique, en 1806 ; je n'en connais que deux volumes in-4° : j'ai appris depuis, qu'un troisième avait paru, mais n'avait été distribué qu'à un nombre assez limité de personnes ; j'ai fait voir, dans l'exécution de cet ouvrage, plusieurs défauts assez graves, nés sans doute de la précipitation du travail, puisque les deux premiers volumes recueillis jusqu'en Italie, furent imprimés en deux ans ; cela ne l'empêche pas d'être un des plus beaux présens faits à la philosophie par un gouvernement.

La seconde tentative a été le livre de l'abbé *don*

____

(1) Je ne parle point de celle de Gobelin, qui appartient plutôt aux romans qu'à la science.

Lorenzo Hervas, intitulé : *Catalogue des langues des nations connues, dénombrées et classées selon la diversité de leurs idiomes et dialectes*, etc. L'ouvrage, écrit en espagnol, est en six volumes in-8°, dont le premier est daté de Madrid, l'an 1800 ; et le sixième, Madrid aussi, l'an 1806.

Vous rendre, Messieurs, un compte détaillé de cette composition étendue et compliquée, eût exigé plus de temps que vous ne pouvez m'en accorder. Je me bornerai à vous dire que l'auteur favorisé de beaucoup de moyens, de fortune et de crédit ; usant de tous les secours littéraires que lui procurèrent Rome et l'Italie pendant vingt-cinq ans de séjour ; trouvant sous sa main la plupart des livres imprimés en son genre d'étude ; jouissant des matériaux accumulés à la propagande par des missionnaires de toute robe, ainsi que des mémoires recueillis par les jésuites dans les quatre parties du monde, n'a pu manquer d'acquérir des notions plus justes, plus étendues qu'aucun de ses prédécesseurs, principalement sur ce qui concerne les élémens grammaticaux, les affinités, les différences des langues modernes.

Quant aux langues anciennes, et surtout quant aux filiations et aux origines en général, il n'a pu se garantir des préjugés que lui imposaient et son éducation et sa robe, et le respect de l'évêque de Rome, et la terreur de l'inquisition ; il n'a pas douté un instant que la confusion de Babel n'ait produit la diversité des langues, et qu'il ne faille reprendre l'origine des principales dans la personne de quelque enfant ou petit-enfant de Noé , encore qu'il soit théologiquement impossible de prouver par les textes , hébreu ou grec , la présence d'aucun membre de cette famille à l'événement cité ; et encore qu'il soit permis par le génie ou caractère de la langue hébraïque et de ses analogues , de regarder comme des noms collectifs de peuples et de pays , les noms qu'il a plu à des interprètes superficiels d'établir comme des noms d'individus. Ce préjugé d'Hervas , dont je pense avoir bien démontré l'erreur , l'a jeté dans beaucoup de conclusions fausses, et l'on ne doit le lire qu'avec la défiance due aux opinions systématiques ; cela n'empêche pas de regretter qu'un tel livre , si rapproché de nous par son idiôme espagnol, n'ait pas été traduit, ou du moins largement extrait par quelque bon esprit français.

La troisième tentative a été l'ouvrage allemand, intitulé : « *Mithridates , ou Science générale des* » *langues* , avec le *Pater noster* , traduit en plus » de cinq cents idiômes ou dialectes , par Ade- » lung, conseillé aulique, et bibliothécaire de l'élec- » teur de Saxe. » Le premier volume de cet ouvrage in-8° a paru en 1806 à Berlin, lorsque se terminait à Madrid celui d'Hervas. Un second volume a suivi en 1809; l'auteur n'a pas eu la consolation d'achever son entreprise, fruit de trente ans d'études assidues. Un digne suppléant, le savant professeur *Vater* , a publié, en 1812 , un troisième volume nourri en partie des matériaux d'Adelung ; en 1816, un quatrième en deux parties, et enfin, un volume de supplément. Le quatrième traite des langues des deux Amériques; le troisième de celles de l'Afrique; les deux premiers de celles d'Asie et d'Europe, tant anciennes que modernes; comme je n'ai pas le bonheur d'entendre l'idiôme allemand, je n'ai pu prendre une connaissance directe de cet important et curieux ouvrage : seulement, quelques portions de traductions que je me suis procurées, celles entr'autres de la préface, que je dois à l'amitié d'un honorable collègue, M. le comte de La Roche - Aimon, me permettent d'avoir une idée approximative du plan et de l'esprit de l'auteur. Il diffère d'Hervas en beaucoup de points, surtout en indépendance d'opinions : il a connu quelques parties du livre espagnol, mais non pas toutes. Il envisage son sujet, moins sous le point de vue historique, que sous l'aspect philosophique et grammatical ; il s'applique surtout à étudier les opérations de l'esprit humain dans la construction du langage, dans ce que l'on appelle syntaxe, ordre et disposition des idées. Quoique protestant, il ne se tient point lié par la Bible, ni par les récits de la tour de Babel. L'étendue de son instruction excite l'étonnement ; la droiture de son esprit et de son intention inspire le respect. Il est naturel que sur des sujets si divers, il y ait quelques parties faibles ; l'on ne pourrait guères se permettre une traduction littérale de ce livre, quelquefois diffus, et surtout dans les deux premiers volumes ; mais ce serait un grand service rendu à notre littérature, que d'en publier un volumineux extrait.

Il me reste à observer qu'il partage avec tous ceux de son genre, un défaut, un vice radical qui a jusqu'ici entravé la science, et qui, s'il n'est corrigé, empêchera son perfectionnement. Ce vice consiste en ce que les vocabulaires de tant de nations diverses, recueillis par des Européens, ont été soumis à un même système de lettres, qui néanmoins n'ont point les mêmes valeurs ; de-là, il est résulté qu'un même vocabulaire, par exemple le chinois, le malais, l'arabe, le mexicain, etc. , se présente à notre lecture sous des formes tout-à-fait différentes, selon qu'il a été transcrit par un écrivain anglais ou italien ou allemand ; les mots deviennent surtout méconnaissables, si, par un cas fréquent, ils se composent de prononciations inusitées dans la langue du copiste ; car alors, pour les exprimer, ce copiste a tantôt imaginé, tantôt emprunté de son propre alphabet, des combinaisons de lettres qui aggravent la confusion.

Par exemple, les Arabes ont une consonne appelée *djim*, qui vaut notre *dj* ; les Allemands, qui n'ont point notre *ja*, ont imaginé de rendre l'arabe par *dsch*, ce qui donne quatre lettres pour une, sans exprimer, ou plutôt en dénaturant la vraie prononciation. Il en résulte, que pour peindre le mot arabe *djahs*, une bête de somme, ils écrivent *dsch ahhsch*, c'est-à-dire, dix lettres pour cinq, ou plutôt pour quatre, avec une file vraiment ridicule de lettres *h*. Leurs voyageurs nous sont inintelligibles en mots géographiques et patronimiques : ils peuvent en dire autant de nous et des Anglais et des Italiens ; par suite de ce vice, le *Pater noster*, qui en hébreu, en syriaque, en arabe, en éthiopien, a réellement des mots et des prononciations extrêmement ressemblantes, offre dans les transcriptions des savans Polyglotes, une véritable confusion de Babel.

Pour remédier à ce vice capital, j'ai depuis vingt-cinq ans proposé et poursuivi un système d'orthographe dont j'ai discuté les principes, et démontré les nombreux avantages dans mes deux traités de la *simplification des langues orientales*, et de *l'alphabet européen appliqué aux langues asiatiques*. Les principes sur lesquels mon système est fondé, sont aujourd'hui reconnus pour aussi solides, aussi clairs que ceux de l'algèbre ; mais leur application, et l'emploi des lettres nouvelles que je n'ai pu me dispenser de proposer, sont, et seront combattus par les anciennes habitudes, jusqu'à ce que le temps ait amené des habitudes nouvelles dans une nouvelle génération.

Maintenant, Messieurs, si vous désirez que je résume les conséquences des raisonnemens et des faits que j'ai eu l'honneur de vous exposer, vous en trouverez plusieurs, je pense, dignes de votre attention, les unes par leur importance, les autres par leur nouveauté. D'abord, si vous considérez d'un côté tout ce que nous avons ignoré jusqu'à notre époque sur les langues en général (sans parler de ce que nous ignorons encore) ; si vous comparez le vaste

théâtre géographique des langues ci-devant incon-
nues, à l'étroite sphère de celles où nous n'avons
cessé de rouler, vous penserez qu'il ne suffit plus
de savoir le grec et le latin pour raisonner sur la
philosophie du langage; pour bâtir de ces théories
que l'on appelle des grammaires universelles; vous
sentirez que notre exclusive admiration du grec et
du latin, n'est qu'un tribut irréfléchi payé par notre enfance à la vanité scholastique de nos institu-
teurs, qui veulent tout savoir; et à l'orgueil militaire
des peuples anciens, qui tinrent pour non existant
ce qu'ils ignoraient. Que diraient-ils aujourd'hui,
ces Grecs et ces Romains si fiers de leurs idiômes,
issus des dieux comme leurs ancêtres; si nous leur
prouvions que leur latin pélasgique, que leur grec
soi-disant authoctone, ne furent qu'une émanation,
qu'un des dialectes de la langue d'une nation scythique dont le siége ou foyer fut la Boukarie, au nord
de l'Indus, et touchant la Bactriane par les quarante
degrés de latitude; que du sein de cette nation, fa-
vorisée d'un beau ciel et d'un bon sol, et qui vécut
à la fois agricole et pastorale, sortirent, à des époques ignorées de l'histoire, des essaims de guerriers,
qui, comme on a vu plus tard les Gaulois, comme on a
vu ensuite les Tartars de *Tamerlans* et les Mongols de
Tchinguiz-Kan, étendirent leurs invasions successi-
ves depuis les plaines du Gange où leur race persiste,
jusqu'aux îles britanniques, où leurs traces s'aper-
çoivent encore. Depuis cent ans, le langage de cette
nation scythique, retrouvé par nos savans euro-

péens dans les livres sacrés de l'Inde, sous le nom de *sanscrit*, est de plus en plus reconnu pour être la base, non-seulement d'une infinité de mots, mais encore du système grammatical d'une foule de langues modernes et anciennes : de presque tous les dialectes actuels de l'Indostan ; de l'ancien dialecte goth et *moesogoth*, du vieux teuton ou *Deutche*, qui fut le *Dace* des Romains ; de son dérivé, le plat allemand, d'où dérivent à leur tour, le hollandais et l'anglo-saxon ; enfin, de l'ancien grec lui-même, et de ses collatéraux, l'étrusque et le latin ; de manière que les Pélasgues, si célèbres par leurs migrations, ont dû être, comme les *Tchingares* (nos Bohémiens), une tribu d'origine *indo-scythe*, chassée à l'Ouest par des convulsions guerrières : sans doute ce furent les descendans de ces Scythes *sans critiques*, qui, sous le nom grec de *Massagètes* (équivalant au sanscrit *Maha Sagatai*, *grands Scythes*), qui soutinrent contre les Égyptiens le procès d'antiquité nationale dont parle Hérodote : et ce fait, lui seul, rend commun aux Scythes les huit ou neuf mille ans dont les Égyptiens citaient à Solon et à Platon, des preuves que ces hommes célèbres nous attestent être, non des fables, mais des faits authentiques portant avec eux leurs preuves.

En résumé, ces Grecs si fiers de leur langue et de leur génie, n'ont été que les cousins-germains des Gètes et des Thraces : la situation géographique a fait la différence ; et nos littérateurs dédaigneux, qui repousseraient cette commune origine, les feraient ressembler à ces parvenus qui méconnaissent leurs parens.

Une seconde conséquence, nouvelle et importante, est que désormais il est prouvé que l'homme seul, par ses moyens naturels, a pu, a dû inventer plusieurs langues. Cette vérité résulte des différences tranchantes remarquées entre divers systèmes grammaticaux, dont quelques-uns sont vraiment bisarres. Les savans philologues s'accordent à reconnaître plus de trente idiômes originaux ou *langues mères* ; or, il suffit qu'une seule langue soit d'invention humaine, pour conclure que toutes peuvent l'être : dès-lors disparaît le besoin que se fit l'ignorance des premiers raisonneurs en ce genre, d'appeler les dieux, les génies à l'éducation primitive de l'homme, et à la suggestion de son langage. Expliquer ce qu'on ne conçoit point par des moyens encore plus inconcevables, est un procédé trop bisarre ; imaginer que l'homme puisse réciter subitement des mots dont il n'a ni l'habitude ni le besoin, et qui seraient les signes d'idées qui ne sont pas nées, c'est une autre contradiction qui seule caractérise et les inventeurs et leurs disciples.

Du reste, la création naturelle des langues ne doit point alarmer ceux qui veulent absolument que toutes les races humaines soient issues d'un seul couple primitif : j'avoue que je n'entends pas mieux l'apparition naturelle d'un premier couple que de plusieurs ; mais comme je ne vois aucune utilité morale et pratique à l'une et à l'autre hypothèse, je demande la permission de rester indifférent : seulement je remarque qu'en admettant un seul couple primitif, il a pu arriver, par la suite, que quelque couple de sourds et muets ait vécu isolé, et qu'il ait produit une race bien conformée, qui aura été contrainte de se faire une langue. Nier la possibilité de cette invention, c'est prétendre que tout ce que l'on ne conçoit pas ne peut exister ; plus je vieillis, moins j'ai cette prétention ; sans sortir du cours des choses naturelles, il me semble que les lois de l'entendement humain suffisent seules à résoudre le problème ; aussi, a-t-il été déjà tenté deux fois de manière à faire espérer un succès final ; une première fois par le président de *Brosses*, en son traité de la *Formation mécanique des langues* (1) ; une seconde fois par l'auteur écossais, lord *Munboddo*, en son essai *sur l'origine et les progrès du langage* ; ce second ouvrage a sur le premier ce grand avantage, que *Munboddo* ne s'est pas restreint à la méthode didactique, comme l'a fait de Brosses ; mais il a nourri ses raisonnemens d'une foule d'obervations et d'anecdotes curieuses fournies par les voyageurs et les historiens sur les peuples sauvages et les individus trouvés solitaires dans les bois : de manière que sa théorie prend un coloris animé qui la rend plus persuasive : *Munboddo* prouve par des faits que l'homme solitaire n'a ni motif ni moyen de

---

(1) Publié en 1765 ; 2 vol. in-12. Voyez chap. 6, tom. 1.

parler ; que le langage naît seulement de l'état social : que ses premiers élémens sont : 1° les cris ou
interjections ; 2° les imitations des bruits naturels,
d'où naît l'onomatopée, ou *création des mots*, sur
laquelle vient se greffer la convention de prendre
un son pour signe d'une idée.

Dès-lors que la question de l'origine du langage
est expliquée, toutes ses subséquentes découlent
aisément les unes des autres.

Par exemple, celle de l'accroissement ou exten-
sion d'une langue, n'offre pas de difficulté réelle :
l'on conçoit comment, sur un premier cannevas
donné, l'esprit humain prolonge de nouvelles lignes
dans la direction de celles qui existent ; comment,
en acquérant des idées nouvelles, il les peint par des
mots tirés de la même famille ; comment il combine
les anciens mots pour en faire de nouveaux : l'étude
des étymologies est démonstrative à cet égard ; les
procédés des enfans le seraient également, si au
lieu d'en faire des perroquets, nous les laissions un
peu raisonner et parler d'eux-mêmes.

Une seconde question, l'état stationnaire d'une
langue, se conçoit facilement : en effet, qu'un peuple vive isolé ; qu'il ait acquis une somme d'idées
suffisante à ses besoins, à ses habitudes ; que par la
nature de son gouvernement il ne puisse étendre la
sphère de ses connaissances : chez un tel peuple, la
langue peut subsister des siècles sans avancer ni re-
culer ; j'en fournirais des exemples au besoin. Cet
état stationnaire et limité, est bien plus répandu

qu'on ne pense; il a lieu chez presque tous les peuples montagnards, chez les peuples pasteurs, s'ils peuvent se préserver de guerres externes ; enfin chez les nations même civilisées, et cela dans les classes et professions où le temps de l'homme et de la famille est absorbé par les soins de la subsistance ; ces classes ne connaissent de la langue nationale, que la portion qui leur est nécessaire : amenez un paysan, un ouvrier, dans nos assemblées scientifiques, vous verrez combien de mots ils ne comprennent pas ; faites-les suivre un raisonnement ou une narration, vous verrez qu'ils n'ont pas l'usage de plusieurs modes et temps de nos verbes. On se fait illusion, lorsqu'on parle des nations comme de corps sociaux homogènes à la manière des corps physiques; elles ne sont que des confédérations de peuples différens, qui sous le nom de riches, de pauvres, de propriétaires, de prolétaires, d'oisifs, de laborieux, ont des sphères d'idées, et par conséquent des *dictionnaires* de mots très-différens. Nous qui en faisons un, ne sentons-nous pas à chaque instant, qu'à côté de nous il en existe d'autres relatifs aux arts, aux sciences, aux métiers, tous faisant partie de l'idiôme français, et qui cependant nous sont plus ou moins étrangers.

Une troisième question, celle de l'altération d'une langue, veut être divisée en deux branches.

L'altération par le mélange des mots étrangers : c'est l'effet des guerres, des invasions, du commerce. Ce mal vient de l'extérieur.

L'altération par l'amaigrissement, l'apauvrisse-
ment, c'est-à-dire, par l'oubli ou le non emploi
des expressions et des tournures élégantes, par l'in-
troduction de termes et de tournures triviales, de
mauvais goût, de peu de justesse ; ce mal vient de
l'intérieur.

L'altération par mots étrangers, effet des invasions, des conquêtes, est trop clair pour s'y arrê-
ter ; elle est plus ou moins grande, selon l'affinité
ou la dissemblance des deux langues qui se mêlent ;
elle devient totale, si leur construction grammaticale
est diverse, c'est-à-dire, si l'exposition des idées
marche dans un ordre différent. Ce cas amène des
décompositions du langage existant, d'où sort un
langage nouveau, mixte de ceux qui précèdent. Notre langue française en a fourni un exemple très-
instructif, depuis que l'un de nos savans et ingénieux confrères a démontré sa formation de toutes
pièces, par un travail fait pour servir de modèle.

L'altération par appauvrissement intérieur,
s'explique aisément par un exemple :

Lorsqu'en 1789 la nation française concourut par
toutes les classes qui la composent, à nommer ses
représentans dans l'assemblée dite Constituante, les
lois et les harangues, pendant trois ans, parlèrent
le français le plus noble et le plus correct. La Convention succéda : vous savez quel langage parlèrent
alors les harangues et les lois ? Pourquoi cette différence ? parce que dans le premier cas, le langage
fut celui des classes cultivées et lettrées ; tandis que

dans le second , il fut celui des classes qui ne connaissaient que le dictionnaire des besoins. Les choses furent au point, que l'on dut parler un mauvais style, comme l'on dut porter un mauvais habit de sans-culotte.

Les éternels Romains , que ramène sans cesse notre éducation de collége , vont me fournir un autre exemple :

Dans l'origine , ce peuple est un mélange d'hommes bannis des divers Etats de l'Italie , sur un mauvais sol volcanique que personne n'envie ; ils ont un langage où domine le grec mêlé de mots gaulois, phéniciens , teutons, introduits par les guerres et le commerce ; ce langage s'amalgame , s'identifie par la communauté d'habitude entre ceux qui s'en servent ; il s'augmente d'une génération à l'autre en proportion des idées nouvelles ; Rome s'agrandit , rassemble une croissante population, qui, par sa concentration, prend bientôt identité de mœurs et de langage : après la ruine de Carthage, cette population , débarrassée du souci des guerres, commence à s'occuper de jouissances, à cultiver les sciences et les arts : la langue se polit et s'adoucit ; les prononciations dures deviennent pénibles à des bouches efféminées et délicates : on substitue les consonnes douces aux fortes. On dit : *leguiones* (légiones) pour *lekiones ; maguistratus* pour *makistratos*; *effuguiunt* pour *exfokiont : dictatori alto* pour *dictatored altod* (1).

---

(1) Vieux latin de la deuxième guerre punique.

Dans cette population partagée en deux nations ou factions rivales (les plébéiens et les patriciens), leurs forces respectives balancées, mettent chaque citoyen dans le cas d'exprimer librement ses sentimens, ses pensées : cette liberté donne aux expressions de l'énergie, de l'étendue; le besoin de persuader perfectionne l'art de présenter les idées; l'homme devient éloquent parce qu'il est libre; la langue acquiert son maximum de perfection; l'esprit produit ses chefs-d'œuvre. Bientôt survient un changement dans l'état des choses et dans la forme du gouvernement : les riches se sont unis pour opprimer, ils se divisent pour régner. Du sein des rivaux s'élève un maître; Rome tremble devant *l'imperator* entouré de soldats licteurs; les courages ont été brisés par les proscriptions; la terreur est maintenue par les délations. Que deviendra le langage? l'homme n'a plus de sentimens généreux à manifester, plus d'idées hardies ou justes à émettre; ses expressions vont devenir incertaines, timides, tortueuses, même fausses et menteuses; ses phrases seront maniérées, embarrassées; son style n'aura de couleur que pour l'adulation et le panégyrique : on croira la langue appauvrie, ce sera le cœur et l'esprit. Les Barbares viendront; leur langage se mêlera au latin, la confusion suivra, et ce ne sera qu'avec le temps que l'on verra naître un amalgame nouveau et bisarre.

Une dernière question, celle de la disparition, de la perte totale d'une langue, trouve un exemple

singulier dans le récit d'un voyageur que je crois
Pallas : deux hordes tartares étaient en guerre ;
l'une surprit l'autre, elle extermina tous les mâles, et
garda seulement les petits enfans et les femmes, comme
un moyen d'accroître promptement sa population ;
les femmes des vaincus ne surent ou ne voulurent
pas apprendre la langue de leurs maîtres ; les enfans
qui naquirent, élevés dans la langue des mères, la
conservèrent de préférence, et par un cas singulier,
la langue des vaincus supplanta, en deux généra-
tions, la langue des vainqueurs.

Mais il est bien temps de terminer ces considéra-
tions tracées à la hâte ; je pense avoir prouvé que
l'étude des langues fut à peu près nulle chez les anciens ; que chez les modernes elle a d'abord été rem-
plie de préjugés et d'erreurs ; qu'elle n'a commencé
d'être réellement philosophique, c'est-à-dire , conforme au sens droit et à l'indication des faits, que
depuis un siècle : que de nombreux matériaux se
trouvent enfin rassemblés ; mais qu'il reste encore
beaucoup à faire pour en construire un édifice ré-
gulier qui nous présente la théorie et la pratique,
s'appuyant et s'expliquant réciproquement; enfin,
comme dans l'écrit même que j'ai l'honneur de vous
soumettre, je ne puis me dissimuler quelques lacunes,
et que je dois y soupçonner d'involontaires erreurs,
il devient une nouvelle preuve de cette inexpérience
nationale dont nous devons nous faire le reproche,
relativement à cette branche de connaissances : heureux s'il devenait un motif d'émulation, et si l'Aca-

démie française en prenait occasion de délibérer sur les moyens de répandre parmi nous l'élite, ou du moins les principaux résultats des ouvrages qui honorent et enrichissent l'esprit de nos voisins.

FIN.

www.ingramcontent.com/pod-product-compliance
Lightning Source LLC
LaVergne TN
LVHW012017180726

843502LV00005B/1757